OBSERVATIONS

ADDITIONNELLES

AUX CONSIDÉRATIONS

SUR LA DETTE PUBLIQUE,

PAR M. LE DUC DE GAETE.

PARIS

IMPRIMERIE DE J. TASTU,

RUE DE VAUGIRARD, N. 36.

*

1828

OBSERVATIONS

ADDITIONNELLES

AUX CONSIDÉRATIONS

SUR LA DETTE PUBLIQUE,

PAR M. LE DUC DE GAETE.

———⁂———

L'IDÉE du *remboursement direct* de la principale partie de notre dette publique, *avec option, pour les créanciers, de la réduction de leur rente*, est une imitation de ce qui s'est pratiqué dans un pays voisin, où le gouvernement, *en fixant le capital* de chaque emprunt, s'était réservé la faculté de réduire la rente *en restituant ce capital*. Il s'est ainsi trouvé en mesure de diminuer, quand il l'a jugé à propos, sa dépense annuelle, sans que la confiance ait pu s'en alarmer, parce qu'il n'altérait aucune condition du contrat et que les créanciers *d'un même emprunt* étaient traités *tous* avec une parfaite égalité. C'est à cette constante et religieuse exactitude dans l'accomplissement de ses engagemens qu'il a principalement dû un crédit dont il a peut-être eu, depuis, à regretter l'étendue ; mais dont nous n'avons point, dans notre position particulière, à redouter les dangers.

Peut-on dire que, sous le rapport de la constitution de nos derniers emprunts, notre situation ressemble à celle de l'Angleterre, et que ce qui s'est fait chez elle, sans blesser aucun principe, pût avoir chez nous le même caractère ? Je ne puis le penser.

Premièrement, aucun capital, comme je l'ai déjà dit, n'a été assigné par la loi à la rente de 5^f.

Secondement, en admettant que la dénomination *de 5 p. $_0$/^{0} consolidés*, sous laquelle cette rente se trouve inscrite au Grand-Livre, pût être considérée comme l'équivalent d'une disposition législative qui en aurait *fixé le capital;* on n'en connaît aucune qui autorise à substituer le *remboursement direct à l'amortissement*, seul moyen d'extinction qui ait été indiqué par la loi.

Troisièmement, ne serait-ce pas vouloir accommoder arbitrairement le principe *du droit commun* à nos convenances particulières, que de considérer aujourd'hui l'État comme investi de la faculté de régler, *par la voie du sort*, l'ordre dans lequel les créanciers d'une dette homogène, et qui donne à tous *un droit égal,* pourraient être appelés à un remboursement qui n'était déjà point entré dans les conditions du contrat?...

Ces questions me semblent toujours mériter du moins un sérieux examen.

Toutefois, il importe de sortir de la fausse position dans laquelle nous place la détermination de ne plus permettre à l'amortissement d'agir sur un fonds dont le cours s'élèverait *au-dessus du pair.* On a vu que le résultat de cette disposition serait, plus que probablement, *d'éterniser la partie principale* de notre dette, et personne n'en a certainement la volonté. Il convient donc d'aviser au moyen d'échapper à un inconvénient aussi grave, particulièrement *dans l'intérêt de l'avenir.*

Il faut pour *rembourser*, comme pour *amortir*, un capital provenant, soit d'une ressource extraordinaire, soit *d'un excédant de revenu* dont le gouvernement ait la libre disposition. Ce capital est produit par la portion afférente à la rente de 5ᶠ dans la dotation de la caisse d'amortissement, augmentée des 37 millions de rente qu'elle a successivement acquis ; et cette portion serait de 56 millions par an.

Si donc on se déterminait, en définitive, quelles qu'en pussent être les conséquences pour *le crédit*, à adopter *le remboursement* à ceux des créanciers qui seraient successivement *désignés par le sort*, ce serait ce fonds de 56 millions qu'il s'agirait d'appliquer au rachat *au pair* d'une masse de 2,800,000 fr. de rente par année. Cette opération, réduite aux cent millions de rente, tout au plus, qui paraîtraient susceptibles du remboursement *dans le fonds de 5 fr. de rente*, exigerait 36 ans, et sa dépense totale serait de 3,840,200,000 (*Voyez* tablea u 1)[1].

Le rachat des mêmes cent millions de rente, par le procédé de *l'amortissement,* exigerait,

SAVOIR :

1°. *Au cours moyen de* 110, 23 ans, et coûterait 3,591,906,320 (*Voyez* tableau n° 2).

2°. *Au cours moyen de* 120, 25 ans, et coûterait 3,919,388,520 (*Voyez* tableau n° 3).

3°. *Au cours moyen de* 125, 26 ans, et coûterait 4,075,755,000 (*Voyez* tableau n° 4).

Ainsi *l'amortissement,* au cours moyen *de* 110, coûterait 248 millions 293,680 *de moins* que *le remboursement au pair.*

---

[1] Les rentes de 5f produisent une rente totale de. . . 165,000,000
Déduisant là partie que la caisse d'amortissement a
successivement rachetée, montant à. 37,000,000

Reste. 128,000,000
On peut estimer ce qui appartient, dans ce fonds,
tant à la Légion-d'Honneur qu'aux établissemens
publics et aux communes qui paraîtraient devoir le
conserver, tout au moins à. 28,000,000

La partie de cette dette susceptible d'extinction se
réduit donc, par estimation, au plus à. 100,000,000

Au cours moyen *de* 120, la dépense de *l'amortissement* excéderait celle du *rembour- sement* de 79,188,000.

Cette somme, répartie sur 25 ans, ferait un objet d'environ 3,200,000 fr. par an.

Enfin, au cours moyen *de* 125, l'excédant de la dépense de l'amortissement serait de 235 millions 555,000 qui, répartis sur 26 ans, feraient un objet d'environ 9 millions par année.

Après avoir établi les résultats matériels de l'une et de l'autre déterminations, il reste à en examiner les effets probables, sous les rapports autres que celui de la dépense qu'elles devraient respectivement occasioner.

Et, à cet égard, il faut considérer que *le rembousement* de la rente de 5^f, *au pair qui lui est assigné*, tendrait à fixer, pendant tout le cours de l'opération, *le taux général* de l'intérêt de l'argent *à* 5 *p*. $_0$/^{0}; tandis que l'effet nécessaire *de l'élévation du cours de la rente*, par le rétablissement du système *d'un amortissement sans limite*, serait de réduire successivement le prix de l'argent au profit de l'agriculture et de l'industrie, comme à celui du gouvernement qui en recueillerait les mêmes avantages pour l'économie dans les dépenses si multipliées de son service.

Il faut bien aussi mettre en ligne de compte l'affermissement de son crédit, par la fidélité aux engagemens qu'il avait contractés et la facilité que ce crédit lui donnerait d'obtenir, plus tard, à des conditions d'autant plus favorables, les secours dont il aurait besoin, dans des circonstances extraordinaires.

L'importance de semblables compensations, *dans l'intérét bien entendu des contribuables*, ne peut être démontrée mathématiquement et par *des chiffres*, comme la dépense effective que tel ou tel système devrait entraîner; mais *la réalité* n'en est pas moins, pour ainsi dire, *palpable*, sans qu'il soit possible d'en soumettre les résultats à un calcul positif. En pareil cas, l'évidence des probabilités supplée à ce qui manque à la démonstration, et semble suffire pour que la raison soit persuadée.

Peut-être deviendrait-il plus facile de s'entendre sur le parti le plus convenable à prendre, dans cette importante affaire, si la question était posée dans ses véritables termes;

car les mots exercent souvent sur les idées une grande influence.

Que, dans la discussion d'*un impôt*, *l'intérêt des contribuables* soit placé en première ligne, et qu'après avoir reconnu la nécessité d'une charge nouvelle, on s'applique à en alléger, le plus possible, le fardeau pour ceux qui doivent la supporter; rien assurément de plus convenable et qui soit d'un devoir plus rigoureux pour les Chambres dont le vote est réclamé par le gouvernement.

Mais lorsqu'il s'agit *de l'exécution d'un contrat* par lequel l'Etat est engagé, en vertu de la loi *qui est l'expression de la volonté de tous*, les contribuables changent naturellement de position : ils deviennent de *simples co-obligés* à l'exécution *littérale* du contrat passé en leur nom, et sont, en cette qualité, soumis aux règles *du droit commun*.

Or, dans l'espèce, les prêteurs sont venus au secours de l'Etat, dans une nécessité pressante, à des conditions respectivement consenties.

Le débiteur a-t-il le droit de changer ces conditions, ou d'en modifier l'exécution, dans

son intérêt particulier, après que cette nécessité a cessé?

Toute la question est là ; et s'il est vrai que
généralement le débiteur d'une rente *constituée*
ne serait point autorisé à en *fractionner*, à son
gré, le remboursement, si le contrat ne lui en
avait pas expressément réservé la faculté ; il
ne semble pas que la solution de cette question puisse être l'objet de la moindre incertitude.

J'avoue que je ne comprends pas comment,
dans l'impossibilité d'un remboursement *si-
multané de la totalité de la dette*, une telle
mesure, appliquée à nos créanciers , pourrait
se concilier avec les règles invoquées *du droit
commun*. Car celles qui régissent les contrats
ne sont pas autres pour les gouvernemens que
pour les particuliers, et si l'on devait admettre
que l'intérêt pécuniaire *des contribuables*,
c'est-à-dire *des débiteurs*, fût une cause ré-
solutoire, toujours *sous-entendue* dans les
nôtres ; quelle confiance pourrait inspirer un
système de *crédit*, fondé sur la doctrine *des
restrictions mentales !* Lorsqu'au sein de la
paix, avec des finances prospères, les engage-

mens antécédens auraient été éludés, que pourrait-on augurer, pour des temps difficiles, de ceux qui seraient, de nouveau, contractés! Et ne serait-il pas à craindre que l'emprunt de quatre-vingts millions nouvellement autorisé *sur les mêmes bases que ceux qui l'ont précédé*, n'en éprouvât d'avance quelque défaveur?...

En admettant, pour dernier point de comparaison, entre la dépense *du remboursement* et celle *de l'amortissement, un cours moyen de* 125, je crois m'être tenu bien plutôt *au-dessus* qu'au-dessous des probabilités. Cependant le résultat de cette comparaison, qui se réduirait à une différence de neuf millions, par an, au préjudice *de l'amortissement*, pendant la durée de cette opération, ne semble pas encore tel qu'il puisse être considéré comme un motif *absolu* pour renoncer au système qui n'avait été adopté, en 1817, qu'a-près une mûre discussion, et dont on n'avait eu, depuis, qu'à s'applaudir. En effet, depuis 1817 jusqu'au 25 juin 1825, époque à laquelle l'action de l'amortissement sur la rente de 5^f a été suspendue, 37,070,000 francs de rente avaient été rachetés, dans ce fonds, moyennant un capital de 594,904,079 francs, c'est-à-dire, avec une économie de 146,485,921 francs, sur la somme qu'il eût fallu employer pour rembourser la même quantité de rentes *au pair*, comme on voudrait le faire aujourd'hui. L'on pouvait donc courir encore, pendant plus ou *moins* long-temps, la chance de cours plus élevés que le taux moyen des rachats faits jusque là, avant que cette économie eût été absorbée par les opérations ultérieures.

Mais il est temps encore d'examiner les conséquences probables d'un remboursement *fractionné*, qui, à défaut de l'amortissement *illimité*, deviendrait le seul moyen de parvenir désormais *à l'extinction réelle* de la dette.

De quelque manière que l'on opérât pour déterminer l'ordre des remboursemens *par la voie du sort;* soit que cette opération se fît annuellement, soit que, par un seul tirage, on réglât, à l'avance, pour toutes les séries, l'époque à laquelle chacune d'elles serait appelée au remboursement; les créanciers se trouveraient traités avec une inégalité difficile à justifier, et les intérêts de tous seraient plus ou moins compromis.

Ainsi, dans la première hypothèse, les premiers appelés seraient privés, tout-à-coup, d'un revenu dont leurs co-intéressés continueraient de jouir pendant plus ou moins long-temps; et d'un autre côté, l'incertitude de l'époque à laquelle chacune des autres séries pourrait être appelée à son tour, les frapperait toutes, *gratuitement*, d'une défaveur dont l'Etat ne pourrait tirer aucun profit.

Dans la seconde hypothèse qui présenterait toujours le même inconvénient pour *les premiers appelés*, il devrait s'établir une quantité de cours divers, en raison du plus ou moins de proximité de l'époque du remboursement de chaque série : circonstance qui serait éminemment propre à favoriser l'agiotage que l'on ne peut trop contenir, et à jeter les opérations de la place dans une confusion qui ne permettrait plus de se faire une idée du véritable taux de l'intérêt de l'argent, pour lequel on trouve un régulateur *dans le cours affermi de la rente.*

On chercherait vainement, parmi ces effets, celui qui pourrait être jugé utile, soit à l'intérêt des contribuables, soit au crédit public qui ne peut leur être indifférent. On aurait, au contraire, à regretter pour eux la faculté qu'a aujourd'hui le gouvernement, *et à laquelle on ne fait peut-être pas assez d'attention*, d'annuler, dans la proportion qu'il jugerait convenable, les rentes acquises par la caisse d'amortissement, et de modifier, par-là, suivant les circonstances, *sans déroger au contrat*, cette partie encore si importante des charges publiques. Le système *du remboursement* n'admettrait pas naturellement une semblable composition. On ne pourrait en suspendre la marche, *dans un besoin urgent que la prudence oblige de prévoir toujours*, sans ébranler la confiance au moment où elle deviendrait le plus nécessaire; et par conséquent, sans un dommage incalculable pour ces mêmes contribuables dont on aurait eu antérieurement l'intention, très-louable en elle-même, d'améliorer la situation.

En publiant ces nouvelles réflexions, j'acquitte ma conscience et cherche à m'éclairer.

N° 1. **TABLEAU** *de la Dépense du Trésor royal pendant la durée du remboursement de cent millions de rente, dans le fonds de 5, en y employant un fonds annuel de 56 millions.*

ANNÉES.	INTÉRÊTS annuels décroissans.	REMBOURSEMENS à la fin de chaque année.	DÉPENSES annuelles.
1re	100,000,000	56,000,000	156,000,000
2^e	97,200,000	56,000,000	153,200,000
3^e	94,400,000	56,000,000	150,400,000
4^e	91,600,000	56,000,000	147,600,000
5^e	88,800,000	56,000,000	144,800,000
6^e	86,000,000	56,000,000	142,000,000
7^e	83,200,000	56,000,000	139,200,000
8^e	80,400,000	56,000,000	136,400,000
9^e	77,600,000	56,000,000	133,600,000
10^e	74,800,000	56,000,000	130,800,000
11^e	72,000,000	56,000,000	128,000,000
12^e	69,200,000	56,000,000	125,200,000
13^e	66,400,000	56,000,000	122,400,000
14^e	63,600,000	56,000,000	119,600,000
15^e	60,800,000	56,000,000	116,800,000
16^e	58,000,000	56,000,000	114,000,000
17^e	55,200,000	56,000,000	111,200,000
18^e	52,400,000	56,000,000	108,400,000
19^e	49,600,000	56,000,000	105,600,000
20^e	46,800,000	56,000,000	102,800,000
21^e	44,000,000	56,000,000	100,000,000
22^e	41,200,000	56,000,000	97,200,000
23^e	38,400,000	56,000,000	91,400,000
24^e	35,600,000	56,000,000	91,600,000
25^e	32,800,000	56,000,000	88,800,000
26^e	30,000,000	56,000,000	86,000,000
27^e	27,200,000	56,000,000	83,200,000
28^e	24,400,000	56,000,000	80,400,000
29^e	21,600,000	56,000,000	77,600,000
30^e	18,800,000	56,000,000	74,800,000
31^e	16,000,000	56,000,000	72,000,000
32^e	13,200,000	56,000,000	69,200,000
33^e	11,400,000	56,000,000	67,400,000
34^e	8,600,000	56,000,000	64,600,000
35^e	5,800,000	56,000,000	61,800,000
36^e	3,200,000	40,000,000	43,200,000
	1,840,200,000	2,000 000,000	3,840,200,000

 TABLEAU *de l'amortissement de 100 millions de rente dans le fonds de 5, en vingt-trois ans, au cours moyen de 110.*

ANNÉES.	FONDS annuel d'amortissement.	MONTANT des intérêts des rentes rachetées annuellement appliquées à l'amortissement	TOTAL des moyens d'amortissement.	MONTANT des rentes rachetées chaque année.
1re	56,000,000	»	56,000,000	2,545,450
2e	56,000,000	2,545,450	58,545,450	2,661,155
3e	56,000,000	5,206,605	61,206,605	2,832,120
4e	56,000,000	8,038,725	64,038,725	2,920,855
5e	56,000,000	10,949,580	66,949,580	3,043,070
6e	56,000,000	13,992,650	69,992,650	3,181,575
7e	56,000,000	17,174,225	73,174,225	3,326,100
8e	56,000,000	20,500,325	76,500,325	3,477,515
9e	56,000,000	23,977,835	79,977,835	3,635,355
10e	56,000,000	27,613,190	83,613,190	3,800,595
11e	56,000,000	31,413,785	87,413,785	3,973,350
12e	56,000,000	35,387,135	91,387,135	4,153,960
13e	56,000,000	39,541,095	95,541,095	4,342,775
14e	56,000,000	43,883,870	99,883,870	4,540,185
15e	56,000,000	48,421,055	104,424,055	4,746,545
16e	56,000,000	53,170,600	109,170,600	4,962,300
17e	56,000,000	58,132,900	114,132,900	5,187,855
18e	56,000,000	63,320,755	119,320,755	5,423,670
19e	56,000,000	68,744,425	124,744,425	5,670,200
20e	56,000,000	74,454,625	130,414,625	5,927,775
21e	56,000,000	80,342,400	136,342,400	6,197,380
22e	56,000,000	86,539,780	142,539,780	6,479,080
23e	56,000,000	93,028,860 *	149,028,860	6,773,580 **
24e	56,000,000	»	3,906,320	197,560 ***
				100,000,000

Dépense du Trésor royal.

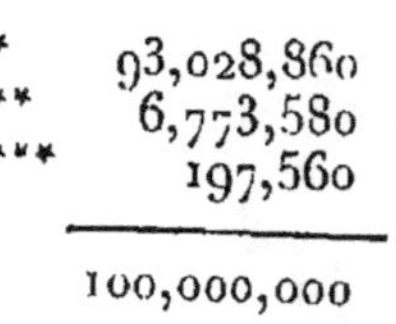

*	93,028,860
**	6,773,580
***	197,560
	100,000,000

Dotation annuelle. . . . . . . 56,000.000 ⎫

Rentes payées chaque année tant aux particuliers qu'à la caisse d'amortissement pendant vingt-trois ans . . . . . 100,000,000 ⎬ 156,000,000

Multipliés par. 23

468,000,000

3,120,000,00

3,588,000 000

Appoint. 3,906,320

Total général de la dépense du Trésor royal en vingt-trois ans, pour le rachat de cent millions de rente au *cours moyen* de 110   3.591,906 320

N° 3. *TABLEAU de l'amortissement de 100 millions de rente dans le fonds de 5, au cours moyen de 120.*

ANNÉES.	DOTATION de la caisse d'amortissement.	MONTANT des intérêts des rentes rachetées annuellement.	TOTAL des moyens d'amortissement.	MONTANT des rentes rachetées chaque année.
1re	56,000,000	»	56,000,000	2,333,330
2e	56,000,000	2,333,330	58,333,330	2,430,555
3e	56,000,000	4,763,885	60,763,885	2,531,825
4e	56,000,000	7,295,710	63,295,710	2,637,360
5e	56,000,000	9,933,070	65,933,070	2,747,205
6e	56,000,000	12,680,275	68,680,275	2,861,675
7e	56,000,000	15,541,950	71,541,950	2,980,910
8e	56,000,000	18,522,860	74,522,860	3,105,125
9e	56,000,000	21,627,985	77,627,985	3,234,495
10e	56,000,000	24,862,480	80,862,480	3,369,270
11e	56,000,000	28,231,750	84,231,750	3,509,645
12e	56,000,000	31,741,395	87,741,395	3,655,995
13e	56,000,000	35,397,390	91,397,390	3,808,220
14e	56,000,000	39,205,610	95,205,610	3,966,875
15e	56,000,000	43,172,485	99,172,485	4,132,185
16e	56,000,000	47,304,670	103,304,670	4,304,360
17e	56,000,000	51,609,030	107,609,030	4,483,705
18e	56,000,000	56,092,735	112,092,735	4,670,530
19e	56,000,000	60,763,265	116,763,265	4,865,135
20e	56,000,000	65,628,400	121,628,400	5,067,830
21e	56,000,000	70,696,230	126,696,230	5,279,005
22e	56,000,000	75,975,235	131,975,235	5,457,300
23e	56,000,000	81,432,535	136,432,535	5,684,685
24e	56,000,000	87,117,220	142,117,220	5,917,380
25e	56,000,000	93,024,600*	148,024,600	6,167,545 **
26e	»	»	19,388,530	807,855 ***
				100,000,000

Dépense du Trésor royal.

* 93,024,600	
** 6,167,545	
*** 807,855	
100,000,000	

Dotation annuelle . . . . . . 56,000,000 ⎫
Rentes payées chaque année tant aux particuliers qu'à la caisse d'amortissement. . . . 100,000 000 ⎬ 156,000,000

Multipliés par. 25

780,000,000
3,120,000,00

3,900,000,000
Apoint. 19,388,520

Total général de la dépense du Trésor royal en vingt-cinq ans, pour le rachat de cent millions de rente au *cours moyen* de 120.   3,919,388,520

N° 4. *TABLEAU de l'amortissement de 100 millions de rente, par l'emploi d'une dotation annuelle de 56 millions, appliquée, avec le produit des achats successifs, au rachat de rentes de 5, au cours moyen de 125.*

ANNÉES.	FONDS annuel d'amortissement.	MONTANT des intérêts des rentes rachetées annuellement.	TOTAL des moyens d'amortissement.	MONTANT des rentes rachetées chaque année.
1re	56,000,000	»	56,000,000	2,240,000
2e	56,000,000	2,240,000	58,240,000	2,329,595
3e	56,000,000	4,569,595	60,569,595	2,422,760
4e	56,000,000	6,992,355	62,992,355	2,519,690
5e	56,000,000	9,512,045	65,512,045	2,620,480
6e	56,000,000	12,122,525	68,122,525	2,725,200
7e	56,000,000	14,847,725	70,847,725	2,833,900
8e	56,000,000	17,681,625	73,681,625	2,947,260
9e	56,000,000	20,628,885	76,628,885	3,065,155
10e	56,000,000	23,694,040	79,654,040	3,189,745
11e	56,000,000	26,883,785	82,883,785	3,307,345
12e	56,000,000	30,191,130	86,191,130	3,444,495
13e	56,000,000	33,635,625	89,635,625	3,585,395
14e	56,000,000	37,221,020	93,221,020	3,738,840
15e	56,000,000	40,959,860	96,959,860	3,878,390
16e	56,000,000	44,838,250	100,838,250	4,033,495
17e	56,000,000	48,871,745	104,871,745	4,194,865
18e	56,000,000	53,066,610	109,066,610	4,364,660
19e	56,000,000	57,431,270	113,431,270	4,497,250
20e	56,000,000	61,928,520	117,928,500	4,717,140
21e	56,000,000	66,645,660	122,645,660	4,905,825
22e	56,000,000	71,551,485	127,551,485	5,102,055
23e	56,000,000	76,653,540	132,653,540	5,305,140
24e	56,000,000	81,959,680	137,959,680	5,518,035
25e	56,000,000	87,477,715	143,477,715	5,739,105
26e	56,000,000	93,217,220 *	149,217,220	5,992,690 **
27e	»	»	19,755,000	790,090 ***
				100,000,000

Dépense du Trésor royal.

*	93,217,220
**	5,992,690
***	790,090
	100,000,000

Dotation annuelle. . . . . . . 56,000,000 ⎞
Rentes payées chaque année tant aux particuliers qu'à la caisse d'amortissement pendant vingt-cinq ans. . . . . 100,000,000 ⎠ 156,000,000

Multipliés par. 26

936,000,000
3,120,000,00

4,056,000,000

Apoint. 19,755,000

Total général de la dépense du Trésor royal, pour le rachat de cent millions de rente au cours moyen de 125. 4,075,755,000

9 782011 746078